JN006320

# SDGsを実現する 2030年の仕事未来図

## 未来図

**4巻** 平和をつくる仕事、開発援助・協力を進める仕事

著 SDGsを実現する2030年の
仕事未来図編集委員会

## あなたへのメッセージ

　あなたは、未来の自分がどんな仕事についているか、想像してみたことはありますか。未来の自分に思いをめぐらせること、社会のなかで活躍する自分を想像することは、10年後20年後の自分と社会のかかわりを考えてみることにつながります。あなたが子どもから大人に近づきつつある証拠です。

　あなたは、どんな仕事に就きたいと思っていますか？　具体的な職業はわからなくても、自分に合った仕事をしたい、自分を生かせる道に進めたらよいと考えていることでしょう。そして多くの人が、人によろこばれる仕事に就きたいと思っているようです。

　「仕事未来図」シリーズは、自分たちがくらす社会をよりよくしていきたいと考え、新しい仕事に挑戦している多くの人と仕事を紹介しています。「だれ一人取り残さない社会」をつくるための仕事として、「SDGs（持続可能な開発目標）」の17のゴールに合わせて分類しています。

　あなたの興味や関心をひくような仕事があるでしょうか。この本が、あなたが自分の未来の仕事を想像するときのヒントになってくれたらうれしいです。

執筆者一同

## この本の構成

### 1章 先進的な仕事をしている人々

　現在、日本や世界で未来につながる仕事をしている人々や会社などを取り上げました。この巻ではSDGsのゴール16と17にかかわる、「平和をつくる」また「開発援助・協力を進める」ための先進的な仕事をしている人々が登場します。また、人物漫画では、過去に大事な仕事をした人を紹介しました。

### SDGsのゴールから未来の仕事を考えてみよう

　SDGsのゴール16と17の目標をイラストで表現しました。よりよい社会をつくるための仕事を考えてみましょう。

### 2章 未来仕事図鑑

　未来に向かってさらに発展した仕事、現れるかもしれない仕事や新しい技術を考えて、「想像図」を描いてみました。この本を読みながら、10年後やさらに未来に、どのような仕事や技術が現れてくるのか考えると楽しいですよ。

### 【資料】SDGs（持続可能な開発目標）

　SDGsのゴール16と17の内容と主なターゲット（小目標）の解説です。

### 10代でとれる資格・検定ガイド

　SDGsのゴールに関連した、10代でもとれる資格や検定を集めました。

# 1章　先進的な仕事をしている人々

# もくじ

## 2章　未来仕事図鑑

# NPO法人 日本に逃れてきた人に安心を！
## ——難民とともによりよい社会をつくりたい

2020年、日本で難民申請をした人は3936人。国籍はトルコ、ミャンマー、ネパール、カンボジアはじめ67カ国にのぼります。難民に認定された人は47人でした。認定されなければ、母国へ送り返されてしまう場合もあります。

日本に逃れて来ても、難民たちはとても厳しい状況に置かれているのです。そうした難民たち一人ひとりに来日当初からよりそって、自立にむけて支援しているのが認定NPO法人難民支援協会（JAR）です。

高校生のときにルワンダ虐殺の報道に衝撃を受けた石川えりさんは、日本にも難民が逃れて来ていることを知り、1999年の難民支援協会の設立からかかわり、現在は代表理事をしています。

## 難民の尊厳と安心が守られる社会に

難民とは、紛争や人権侵害などから自分の命を守るためにやむを得ず母国を追われ、逃げざるを得なかった人たちです。内戦から逃れたり、宗教や同性愛者であることを理由に迫害を受けたり、民主化運動をして弾圧を受けるなど、難民になる理由は様々です。

難民となって国を逃れる人に、行く先の国を選ぶ余裕はありません。日本に来た難民のほとんどが、逃れる先を探すなかで「最初にビザが下りた」などの理由で日本に来ています。でも、日本で難民に認定されるのは非常にむずかしく、難民申請の結果が出るまでに平均で4年以上、長い場合は10年近くかかります。

先の見えない不安に加えて、公的な支援も不足していて最低限の生活もできず、ホームレス状態になってしまう人もいます。石川さんたちは、難民の尊厳と安心が守られる社会、難民とともに暮らせる社会を実現することを目指して活動しています。

## 難民への支援と社会への働きかけ

難民支援協会では、難民条約や難民申請手続きについての情報提供をしたり、申請書類の作成をサポートしたりするなど、法的な支援をはじめ、衣食住と医療を確保するための生活の支援、働くための就労支援を行っています。

それとともに、難民が適切に保護され、受け入れられる制度の実現を目指して、政府や国会に政策の提言も行っているほか、難民問題に対する共感を広めるため、移民や多様なルーツを持つ人々を取り上げるウェブマガジン「ニッポン複雑紀行」など、様々な広報活動を通じて、日本社会への働きかけも行っています。

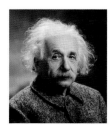

著名な人にも難民だった人は少なくないよ。科学者アルベルト・アインシュタインも、ナチスによる迫害から逃れてアメリカに亡命した元難民なんだ。

こんなに多くの書類を出すんだよ！

▲法務省入国管理局（現在は出入国在留管理庁）へ提出した証拠資料

（写真提供：難民支援協会）

SDGs ゴール16 平和と公正をすべての人に

## 伝統産業 石けん職人とともに平和を願う

### ——伝統のアレッポの石けんで人をつなぐ

シリア出身のガザール勇さんは、以前はシリアで日本の政府機関や企業、NPOのコーディネートなどをしていました。けれども、「シリアと日本の市民レベルの交流のかけ橋になるような仕事がしたい」と、2000年に日本で有限会社クロスロードトレーディングを設立し、シリアの特産品であるアレッポの石けんを販売しています。「職人が信念を持ってつくった石けんを日本に届ければ職人さんたちもうれしいし、日本で石けんを使った人もいい石けんを使えてうれしい。生活の中で、おたがいにとってよい関係を持つことが国際平和につながる」とガザールさんは考えています。

## 難民となった石けん職人とともに

ガザールさんが輸入・販売しているのは、アレッポの石けん職人バラカート・ナーデルさんがつくった石けんです。会社をつくる前に日本に輸入する石けんを探していたとき、品質の高さとともに、「職人として自分の満足のいく石けんをつくる」という姿勢に共感して、バラカートさんの石けんに決めたのです。

ところが、2011年に始まった民主化運動から内戦になり、アレッポも戦場となりました。大規模な空爆が繰り返され街は破壊されました。15年、バラカートさんの工場近くにも爆弾が落とされ、バラカートさんはトルコに避難しました。何カ月も連絡がとれず、ガザールさんは気が気ではありませんでしたが、バラカートさんはトルコで1年がかりで石けんづくりを再開させました。今ガザールさんはバラカートさんがトルコでつくった石けんを輸入・販売しています。「難民となってアレッポの石けんをつくり続けている職人たちのことを知ってほしい」と言います。そして、平和がもどり、バラカートさんがアレッポにもどってつくった石けんをまた日本で販売できることを願っています。

> ガザールさんはバラカートさんを単なる仕入れ先としてではなく、とても大事に考えているんだね。

（写真提供:有限会社クロスロードトレーディング）

### 世界の難民の出身国

（国連UNHCR協会資料より、UNRWAが支援するパレスチナ難民を除く➡P.8）

人数（2020年）

（万人）

| 出身国 | 人数 |
|---|---|
| シリア | |
| ベネズエラ | |
| アフガニスタン | |
| 南スーダン | |
| ミャンマー | |
| コンゴ民主共和国 | |
| ソマリア | |
| スーダン | |
| 中央アフリカ | |
| エリトリア | |

0　100　200　300　400　500　600　700

バラカートさんの石けんは、次のような伝統的な製法でつくられています。①原料のオリーブオイル、ローレルオイルに苛性ソーダを入れて釜で焚く。②型に流しこんで、人が乗っても形が崩れない程度に固まってきたら、ナイフの上に人が乗ってカットしていく。③工場名が入ったスタンプを押す。④隙間をあけて積み上げ、1〜2年乾燥させる。

SDGs ゴール16 平和と公正をすべての人に
SDGs ゴール17 パートナーシップで目標を達成しよう

# 難民がつくる刺繍で文化を守り継承

文化継承

## —— 「文明の十字路」パレスチナの文化を日本に

北村記世実さんは1999年にパレスチナのガザの赤新月社（アラブ版赤十字社）で、障がいのある子どもたちとワークショップをしたときに、厳しい環境の中でも明るくてやさしいガザの人々の精神性の高さに魅了されました。そして、パレスチナ、特にガザに貢献することをライフワークとすることを決意し、2013年にパレスチナ・アマルを設立しました。「アマル」はアラビア語で「希望」という意味です。

国連パレスチナ難民救済事業機関（UNRWA）による「スラファ（Sulafa）刺繍プロジェクト」で、ガザの女性たちがつくった伝統刺繍のスカーフなどの製品を輸入・販売しています。そのほか、パレスチナに唯一残った工場でつくられた「カフィーヤ」と呼ばれる伝統織物を日本で販売するなど、パレスチナの伝統や文化の魅力を日本に紹介しています。

北村さんは、刺繍製品などの販売を通して、つくり手の営みを守り続けるとともに、「紛争」の印象が強い日本でのパレスチナのイメージを華麗なものに変えたいと考えているんだよ。

## パレスチナの刺繍に魅せられて

北村さんは1999年にパレスチナを訪れたときに、現地の友人の伝統衣装を見て、パレスチナ刺繍の虜になったと言います。

刺繍の模様は「文明の十字路」と呼ばれたパレスチナの歴史を反映しています。古くから受け継がれてきた幾何学模様に加えて、20世紀にヨーロッパから入ってきた花の模様などもあります。模様の一つひとつに意味があり、かつては、模様を見ただけでどの地域でつくられたのかがわかったそうです。刺繍は、今もパレスチナの人々にとって大切な自分たちの文化の象徴となっています。

パレスチナとはどういうところかは、次のページのコラムを読んでね。

パレスチナの刺繍はクロスステッチが特徴です。スラファでは150種類以上の模様を使っているそうです。

（左）スラファの女性たちと打ち合わせをする北村さん。（上）女性たちは刺繍に誇りを持っています。

## 難民女性たちの生活と尊厳を守る

「スラファ刺繍プロジェクト」の刺繍製品は、ガザ地区の難民キャンプに暮らす女性、なかでも夫をなくしたり、離婚するなどで社会的立場の弱い女性300人がつくっています。失業率が非常に高いガザの中で、女性たちはこの仕事で子どもたちを育て、進学させることができます。刺繍は女性たちの生活と尊厳を守り、女性たちの生きがいにもなっています。

また、このプロジェクトは、刺繍の伝統と文化を守り、次の世代に継承する役割も担っています。

## 最後の織物工場でつくる伝統織物

かつて、パレスチナは織物文化が盛んでしたが、イスラエルの占領下で次第に産業は衰え、現在パレスチナの織物工場はヨルダン川西岸地区のヘブロンの一か所だけになりました。この工場では1950〜70年代に日本で製造された織機が使われているそうです。

「パレスチナの地場産業を守りたい」と、北村さんは最後に残った工場でつくられたカフィーヤを「ラスト・カフィーヤ®」として日本で販売しています。伝統的な白と黒の配色だけでなく、色とりどりのカフィーヤがあります。8ページの写真で北村さんが身にまとい、手にしているのが「ラスト・カフィーヤ®」です。

（写真提供：パレスチナ・アマル）

### パレスチナとパレスチナ難民

パレスチナ自治区

中東に位置するパレスチナのガザ地区は長さ約50km、幅約5〜8kmの狭い地域です。そこに199万人が暮らしています。多くがイスラエルの建国にともなって難民となった人たちとその子孫です。イスラエルによる封鎖が続き、軍事攻撃も繰り返され、人々は非常に厳しい生活を強いられています。

かつて、パレスチナの地では、ユダヤ教、キリスト教、イスラームはじめ様々な宗教、人種、文化が共存していました。オスマン帝国支配下の19世紀、この地にヨーロッパ諸国が侵出して、第一次世界大戦後はパレスチナはイギリスに統治されます。そのイギリスは「二枚舌外交」でアラブとユダヤ双方に国家建設を認めたのです。第二次世界大戦後、1948年に「ユダヤ人国家」イスラエルの建国が宣言されました。その際に、アラブ人約75万人が住んでいた土地を追われ、難民となってヨルダン川西岸地区やガザ地区のほか、近隣諸国に逃れました。

このため、パレスチナ難民への緊急支援を目的として1950年に国連に国連パレスチナ難民救済事業機関（UNRWA）が設立されました。その後パレスチナ難民は増え続け、2020年、UNRWAに登録されている難民は570万人にのぼります。

現在、ヨルダン川西岸地区とガザ地区が「パレスチナ自治区」とされていますが、どちらも実質的にイスラエルの占領下にあり、とくにガザ地区は2007年以降、人や物の出入りが制限されて封鎖状態におかれて、"天井のない監獄"とも呼ばれています。

SDGs ゴール 16 平和と公正をすべての人に
SDGs ゴール 17 パートナーシップで目標を達成しよう

人物漫画

国連難民高等弁務官になった

**緒方貞子の仕事**

（1927 - 2019 年）

東京で生まれた緒方さん（旧姓中村）は、外交官だった父とともに、11 歳になるまでのほとんどを、アメリカや中国で過ごしました。

アメリカでは白人だけの学校、中国では日本人だけの学校だった

戦争中にあまり勉強できなかった分、敗戦後の大学では勉強に励みます。そのかたわら、学生自治会の会長をつとめリーダーシップも身につけました。

自立した女性に

頭を使って考えなさい

マザー・ブリット（聖心女子大学学長）

大学卒業後もアメリカ留学を重ね、国際関係や政治外交の研究を続けました。アメリカの大学に提出した論文は日本とアメリカの両国で出版されました。

政府と軍部の無責任体制

満州事変と政策の形成過程

初めまして。日本婦人の代表として 3 か月間の国連総会に出席してください

33 歳で結婚し、育児をしながら国際基督教大学の教師をしていた緒方さんに転機が訪れます。1968 年、国連総会に出席することになったのです。

市川房枝（婦人運動家、参議院議員）

国連は国際政治や外交の生きた教室でした

以後 2 度の国連総会出席を経て 1976 年から 79 年まで日本の国連公使（大使の次席）をつとめるなど国連での仕事が続きました。

女性にとって日本より仕事がしやすい場所ね

JAPAN

## 戦争に苦しむ人びとに思いを寄せて

　緒方貞子さんは、学生時代、日本が起こした戦争に疑問を持ち、勉強を続けて戦争の一因が政府や軍部の「無責任体制」にあったと結論づけました。戦争とその被害者に関心を寄せる緒方さんは、国連では先進国だけでなく貧困に苦しむ多くの途上国の意見に耳を傾けたといいます。学者・研究者として身につけた国際政治や外交についての専門性と、各地で直に接した戦争・紛争・迫害などの被害者への思いやりの心。緒方さんは、世界の平和組織である国際連合（国連）に戦争解決と被害者救済の可能性を信じて、国連難民高等弁務官という責任の重い仕事を引き受けたのでしょう。

　緒方さんは、国連を退いたあとも、日本の国際協力機構（JICA）の理事長を引き受けて、絶対的貧困の割合が高いアフリカへの協力を強

その後は大学で教員をしていましたが、10年後、経験と人がらを買われ、国連の重要機関、難民高等弁務官事務所（UNHCR）のトップに選ばれます。

1991年　63歳のとき

8代目でしたが、女性で初の難民高等弁務官でした

就任2か月後に発生したイラクのクルド人難民問題で、緒方さんはリーダーシップを発揮、古い方針を即座に転換して一気に評価を高めました。

国外に出た難民だけが救助の対象でしたが、これからは国内に残った避難民も救いましょう

緒方さんは組織のトップでしたが、つねに現場に足を運び、難民や現場スタッフの声に耳を傾けました。現場主義と、すばやい支援に心を配りました。

これまでのだれよりも思いやりの深いボスだね

UNHCRのトップだった10年間は、戦争や紛争によって難民が急増した時期でした。緒方さんは、国連安保理事会にも出かけて紛争の解決を訴えました。

湾岸戦争

ルワンダ内戦

ユーゴ紛争

国連難民高等弁務官の仕事は、3期10年間に及びました。その間には、「人間の安全保障」という国連の考え方の形成にも力をつくしました。

国によって保護されない人びとを、国連が保護するように努めるのです

緒方さんは、2003年から2012年まで日本の海外支援組織である国際協力機構（JICA）の理事長もつとめ、2019年に亡くなりました。

国連で通用するのは、身についた専門性です。勉強を続けてね

化するなど、世界平和のために活動を続けて、2019年、92歳で亡くなりました。
　現在国連のなかでは、緒方さんの後を継ぐように、中満泉国連事務次長（軍縮担当上級代表）ほか多くの日本人女性が活躍しています。緒方さんも、国際社会のなかで世界平和のために活動してくれる女性たちが続いてくれることを願っていることでしょう。

▶ミャンマーからタイに逃れてきた難民を視察する緒方貞子さん。（2010年、タイの難民キャンプ）

（写真提供:Reuters/AFLO）

SDGs ゴール16 平和と公正をすべての人に

# 画家の仕事 すべての生き物の命をテーマに描く
## ——傷ついた生き物の命の輝きと平和への願い

山内若菜さんは神奈川県藤沢市在住の画家。大学で美術を学んだ後、会社に勤めながら絵を描き、各地で個展を開催してきました。数年前からは会社をやめて絵に専念しています。海外でもバングラデシュやロシアなど数カ国で個展が開催されてきました。2021年、「牧場　放」が若手の日本画家を表彰する「東山魁夷記念日経日本画大賞」に入選しました。

山内さんは、国内外で絵のワークショップも行っています。一緒に絵を描くと気持ちを伝え合ったり、交流を深めたりできるそうです。画家の仕事では、個展で見た人が絵を購入したり、絵を印刷したはがきなどのグッズを買ってくれたりします。また、講師として学校に招かれて絵の展示講演会もしています。

## 福島の牧場-動物たちの命を描く

2011年3月の東日本大震災で起きた東京電力福島第一原子力発電所の事故のあと、山内さんは2013年から福島県の飯舘村や浪江町の牧場を訪ねています。放射能で被曝して肉牛として出荷できなくなった牛は殺処分が決められましたが、牧場主は「牛はものじゃない、家族だ」と飼い続けたそうです。その言葉が胸にひびき、当時きつい会社勤めに心身がすり減っていた自分と牛とを重ね合わせるような思いで絵を描いてきました。

弱って死んでいく牛や馬の姿も目にしたそうです。長いときは1カ月も牧場の仕事を手伝いながら、牧場主や家族、村の人と交流して描きました。「牧場」の絵は最初は墨を多く使い、しだいに色彩が変化しました。「悲劇の場所でも自然の美しさがあり、傷ついても何度でもよみがえる命の輝き、希望を表現したい」と山内さんは言います。

 傷ついた牛や馬、鳥たちもいるね。ペガサスが天へ駆け昇っていくね。

 広島の原爆ドームも見えるよ。

▼「核」と「命」がテーマの三部作と山内さん。（左）「天空　昇」は長崎、（中央）「刻の川　揺」は広島、（右）「牧場　放」は福島が題材です。山内さんは展示を見る人と直接言葉を交わす機会を大切にしています。

## 広島と長崎-命の輝きを描く

「なぜ原爆が落ちた日本で原発事故が起きてしまったのだろう」と考えた山内さんは、広島と長崎にも通い始めました。現在も保存されている原爆ドームなどの被爆遺構を見学し、原爆の体験者の話を聞きました。山内さんは「広島や長崎では遺された被爆遺構から原爆の悲劇が伝わってくる」と思い、「福島の原発事故や被害を忘れられないために絵で伝えよう」と強く思ったそうです。

核兵器禁止条約が発効した2021年春、埼玉県の「原爆の図丸木美術館」で個展が開かれ、福島と広島、長崎をテーマに描いた大作など32点を多くの人が鑑賞し、新聞にも掲載されました。

この年、山内さんは長崎をテーマに「天空昇」を描き、前年までの広島を描いた「刻の川揺」、福島を描いた「牧場　放」と合わせて、「核」と「命」の三部作が完成しました。核は原爆などの核兵器、そして核分裂を利用した原子力発電のことです。核の被害で傷つき、それでも輝きを放つ命と希望を山内さんは描いています。

## 命の大切さを心で感じる授業

「きょうは体育館が美術館です」。山内さんは体育館に集まった中学生に話しかけます。横浜市をはじめとして他県でも、芸術鑑賞授業や平和・人権をテーマにした絵の展示講演会をしています。

大きな絵を近くで中学生に見てもらい、グループに分かれて感じたことを話し合ってもらいます。「見えないものを見る力を育ててほしい」、「唯一の命の大切さを、頭でなく心で感じてもらいたい」と山内さんは話します。

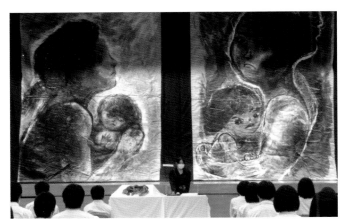

（写真提供:山内若菜）

## 絵で文化交流-ロシア訪問

2007年からロシアで2年おきに個展を開いてきた山内さん。きっかけは第二次世界大戦中に日本人兵士だった人から、シベリア抑留を忘れないための文化交流に誘われたことでした。交流10年目の2017年、ハバロフスクにある国立極東美術館で山内さんの個展「福島ー牧場」展が開かれ、現地の学芸員は「忘れてはいけない福島のことを未来へつなげる大切な展示」と語ったそうです。

▲ 2017年ロシア文化交流の旅、コムソモリスクでの個展。山内さんの絵とロシアの子どもの絵が展示されています。現地でテレビ放送され、多くの人が訪れました。会場では、シベリア抑留を忘れないために「古い家をみんなで描こう」ワークショップを行いました。

### 山内さんの絵の道具

丈夫なクラフト紙に水でぬらした和紙を貼り重ねた上に描くよ。毛や葉や皮を祈りをこめて絵に貼ることもあるそうだよ。

◀画材は岩絵の具とニカワをまぜて使います。

### 山内さんの講演会に参加した中学生の感想

◀中学校での人権教育講演会「命の大きさを描く」で話す山内さん。体育館に飾られた絵は「福島の母」。原発事故後に放射能被害を避けて子どもと避難した母と地元に残った母の苦悩を紹介し、山内さんは「正解はない」ことを伝えるそうです。

わー、すごく大きい絵だね。

SDGs ゴール16 平和と公正をすべての人に

# 報道など 弱い立場・不正にあっている人を守る
## ——「平和と公正」にたずさわる仕事

世界では内戦や武力紛争が絶えません。飢餓や貧困、民族や人種の違い, 宗教や政治的立場の違いなどによる迫害が起こり、難民も発生しています。子どもや女性などへの虐待、経済格差と貧困問題から派生する対立や暴動などもあります。大きな自然災害が続いて起こり、深刻化する地球環境問題もとくに弱い立場の人々を命の危機にさらしています。

こういった様々な人権侵害から人々を守り、環境問題を含む地球上の課題を改善し、平和で公正な社会をつくるために、必要不可欠な仕事があります。

## 真実を伝えて不公正を正す「報道」の仕事

報道の仕事にはカメラマン、新聞記者、ライター、ニュースキャスターなどジャーナリストと呼ばれる仕事があり、社会で起きる出来事に対して公平な立場から事実を取材して報道します。間違った情報を発信しないように調べ、違う立場の人にも取材して報道します。事実は立場の違いによって異なる場合があるからです。

紛争地や独裁政権の国では、権力者が公平な報道を阻止しようとすることがあり、報道にかかわる仕事は命がけです。実際にジャーナリストが国外追放を受けたり殺害されたりすることもあります。一方で、紛争がなく民主政治が行われている国でも、政権が都合のよい報道だけを許可し、都合の悪い報道には圧力をかけることもあるのです。「報道の自由度ランキング」において日本は2021年現在世界で第67位。国民に対する情報公開などが改善されることが望まれています。

## 「法律」をもとに人権を守る仕事

弁護士や裁判官、検察官などの法律家は、法律をもとにして人権を守り社会の「公正」を保つために働きます。また、公務員も法令（法律と政令、条例など）をもとにして人々の人権や生活環境などを守るために仕事をします。公務員には、警察や消防、自衛隊などの平和や安全を維持する仕事、児童や高齢者、障がい者などの人権を守るための福祉にかかわる職員もいます。また、海外との行

（写真提供:毎日新聞社/アフロ）

き来や入国者の権利を扱う大使館や入国管理事務所の職員も公務員です。他にも様々な仕事がありますが、公務員は「公正」を第一に仕事をすることが求められ、憲法を遵守しなければなりません。

## 平和実現のための「国際機関」の仕事

平和を実現するためには、国どうしでは政治や外交の仕事が大切になります。また、民間の人々が行う国際交流も大きな力を持っています。なぜなら、民族や宗教、歴史文化の違いなどが国際紛争の小さな種になることが少なくないからです。

ただし、国の外交や民間の国際交流では解決できない国際問題も数多く存在します。そこで国際的な諸問題に取り組む国連などの国際機関、政府が派遣する青年海外協力隊や民間のNGOなどの仕事が大切になります。国連には様々な国際機関があり、日本からも職員が参加しています。

## 平和や幸福を願う「表現者」の仕事

世界で起きている不公正と悲惨な出来事、災害や地球環境問題などに対する悲しみ、怒り、そして平和や幸福を願う人々の思いを芸術的な方法で表すのが「表現」の仕事です。画家、彫刻家、デザイナー、詩人、小説家、映画監督、俳優、舞踊家、歌手や楽器演奏者など、様々な仕事があります。「表現」を受け取り味わう人々に豊かな感情をもたらし、弱い立場の人にも生きるための力を与えてくれています。

SDGs ゴール 16 平和と公正をすべての人に

# コンサルティング 障がい者の視点と企業をつなぐ
## ——"違う"ことを生かして新しいものを生み出す

▲安藤将大さん（左）と浅野絵菜さん（右）

安藤さんと浅野さんは「みんなが使える」ではなくて、「みんなが使いたい」を生み出したいと思っているそうだよ。

それぞれ異なる視覚障がいがある安藤将大さんと浅野絵菜さんは、大学生のときに出会って、見え方や悩みのことなどを話すうちに意気投合しました。「せっかくなら視覚障がいをうまく生かそう」と、2015年に会社をつくりました。現在は、社名を株式会社19としています。

今の社会は、障がいのない「健常者」にとって便利なようにつくられていて、障がい者は多くの不便に直面し、工夫を重ねて生活しています。そのため、「健常者」が気づかないことを捉える力を持っています。

安藤さんと浅野さんは、新しい価値を生み出すには、"違う"ことが重要な意味を持つと考え、障がい者が持つ独自の視点を仕事に生かしています。障がい者と企業とをつないで、企業の提供する製品やサービスが障がい者だけではなく、健常者や高齢者、海外からの旅行者など、どんな人にとっても使いやすいものになるように、ともに考えるコンサルティングが19の主な仕事です。

## 視覚障がい者の文化から生まれた手帳

2人が最初に手がけた仕事は、黒地に白いペンで文字を書く手帳とノートの制作・発売でした。視覚障がいのある人は白地に黒文字よりも、黒地に白文字のほうが読みやすいことから、発想しました。オシャレにこだわったデザインにしたことで、発売後には、多くの健常者も使ってくれていたことがわかりました。

▼株式会社19が開発を手がけた手帳。白いペンで書きこむようになっています。

黒板に文字を書いたみたい。黒地と白地では、見え方が違うんだね。

## 健常者が便利な社会からどんな人も暮らしやすい社会へ

たとえば、コンビニで買い物をするには、店内を歩いて、商品を見て理解することが必要です。それができなければ買い物はできません。目の見えない人なら、店内の冷蔵庫から自分が飲みたい飲料を見つけるのは困難です。けれども、缶の表面に凸凹の加工がしてあれば、手で触ればわかります。こうした視点を生かして、新しい価値をつくるには障がい者の視点、企業の視点のどちらも理解している仲介者が必要だと、安藤さんと浅野さんたちは考えています。

今の日本では、小さい頃から大人になるまで、異なる視点に接する機会はあまりなく、人々が異なる視点を受け入れることに慣れていません。そこで19が仲介の役割を担えると考えています。

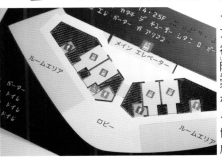

◀株式会社19が協力した「フロア案内地図」。19は、大手広告会社の本社ビルを歩いてみて、視覚障がい者の視点から改善案を提案しました。またこの会社の独特なフロアの形を、触って把握できる「フロア案内地図」の作成にも協力しました。この地図は特殊印刷でつくられています。

（写真提供：株式会社19）

SDGs ゴール17　パートナーシップで目標を達成しよう
SDGs ゴール10　人や国の不平等をなくそう

# 事業創出 街の店舗から広がるパートナーシップ
## ——障がいのある人が地域で働く場づくりから

東京都台東区蔵前で「株式会社縁の木」を経営する白羽玲子さんは、福祉作業所のクッキーなど菓子類とコーヒー豆を焙煎して売る店「縁の木」を2014年に開店。各地の福祉作業所と取引しながら、通信販売や企業向け商品にも力を入れています。2020年には地域循環モデルのしくみづくりを企画し、2021年に新店舗「ZEROラボ」を開きました。

白羽さんは大学卒業後、会社で企画・広告の営業をした後、IT系出版社に勤務。下の子どもが自閉症と診断を受けた同じ時期、子育てと仕事の両立をサポートしてくれたお母さんが病気で急死します。「人の命はいつどうなるかわからない」と痛感し、障がいのある子どもが得意なことを生かして仕事をしていくために働く場所をつくろうと起業しました。

## 福祉作業所との取引—仕入れと発注

白羽さんはまず、全国各地の知的障がい者が通う福祉作業所でつくられるクッキーなど菓子類が、行政の支援する場所などで売られることに着目。この菓子類を自分の店で仕入れて販売する事業を柱とし、一緒に売るドリンクには知的障がいの人がやれそうなコーヒー豆の焙煎販売を決めました。焙煎店で半年間学び、関連業者とのつながりも得て開業。放課後に店で子どもが過ごせるように、店舗は子どもの学区内で、車の通りが少ない場所にしたそうです。

白羽さんは、福祉作業所に軽作業などの仕事を発注しています。菓子類や小物など加工品の製造を依頼して仕入れをする際、お客の購入意欲を高めるために「もっとこうしたほうがよいのでは？」など、アイディアを福祉作業所のスタッフに提案して話し合います。
＊福祉作業所　障がいのある人がシール貼り・袋づめなど軽作業の仕事をしたり、菓子類や小物などを製造販売している施設。

人との「縁」が木の実のようにつながり、大木に育つといいな、という意味の店名だよ。

失敗しても損失が少ないよう1回に焼ける豆は400gなんだって。

▲（左上）コーヒー豆焙煎店「縁の木」の看板。（右上）コーヒー豆の焙煎機。知的障がいの人が使う場合に配慮し、燃料はガスもれの心配がない電気タイプです。
（左下）生のコーヒー豆を焙煎機で5分ほど熱して焙煎し、スタッフが空気に触れさせながら、欠点豆（変形、欠けや割れなど）を取り除く作業をしています。
（右下）焙煎したばかりの「縁の木」のコーヒー豆。

＊就労移行支援センター　企業に就職を希望している障がいのある人などが、就労のための訓練を受けられる施設。

## 就労移行支援センターから受け入れ

「縁の木」は就労移行支援センターと契約し、センターで就労訓練を受けてきた障がいのある人たちなどを受け入れています。すぐに一般の会社で働くには難しい場合もあり、施設の外でまず働いてみることができる場になっています。

菓子、はちみつ、果汁、手づくり小物など福祉作業所から届いた品が並びます。

（左）企業から数百個単位の注文を受けた贈答セットの箱づめ作業。スタッフが福祉作業所から届いたチョコレート菓子をつめています。最後に焙煎したドリップコーヒーをつめて完成。（右）2015年の大地震で被害を受けたネパールの豆のドリップコーヒー。

買うことで支援につながるね。

コーヒー豆の麻袋からアップサイクルした、ふきんも見えるね。

## コーヒー豆のこだわりと企画商品

　コーヒー豆は約20カ国から、なるべく中間業者が入らず現地生産者に利益が渡るよう直接輸入する商社から買い、支援につながる仕入れ先にこだわっています。障がい者の就労する農園（コロンビア）や、内戦で破壊されたかんがい施設の修復や青年兵士の学校復学の支援プロジェクト（ウガンダやルワンダ）などです。ネパールからも2015年の大地震後、復興の助けにと大量に購入した豆の販売に力を入れています。

　「縁の木」で企画販売する商品には、企業向けのものも多く、福祉作業所からの菓子にコーヒーをつめ合わせた贈答セットなどは人気です。また、通信販売の品数も増やしています。

▶「縁の木」が開発にかかわったお酒「蔵前ブラック」。コーヒーの焙煎で破棄された豆を福祉作業所の通所者らが回収し、地域の企業（三陽商会、アサヒグループホールディングスなど）が協力してできた商品。2021年夏に販売開始。
（©アサヒグループホールディングス株式会社）

### 地域で子どもの成長を見守る活動「縁のわ」
　白羽さんは、子ども食堂「わいがやキッチン」、障がい児（者）の保護者が情報を共有する場「よもやまカフェ」を運営する一般社団法人「縁のわ」の事務局も担当しています。「だれでも来られる子ども食堂をつくりたい」、「障がい児（者）の社会との接点になる場をつくりたい」などの声が地域で共有され、2019年に設立された団体です。「よもやまカフェ」では、ワークショップも行っています。

（写真・図版提供：縁の木、KickoffPlus）

## 地域循環モデル「KURAMAE」

　白羽さんは地元の蔵前で、コーヒー豆焙煎店やカフェから出るコーヒー廃棄物（コーヒーかす、焙煎ではじかれる欠点豆、カップなど）を福祉作業所の通所者らが工賃を得て回収し、それらを原材料とした肥料などの商品開発を2020年秋から進めてきました。アップサイクルと呼ばれるしくみです。

　2021年夏には様々な店や会社と協力し、焙煎で破棄していた豆を使ったお酒もできました（左下写真）。さらに地域循環モデル「KURAMAE」が11月からスタート。蔵前地区のカフェや店舗、企業などが、地域ぐるみでSDGsにつながるプロジェクトに参加しています。

（2021年11月実証実験開始）

▲地域循環モデル「KURAMAE」プロジェクト
カフェ・焙煎店から出るコーヒーごみ、地域の店舗や会社などから出るごみを福祉作業所が回収。それを原材料としてアップサイクル製品を開発します。

▶コンポストマシーン
蔵前の地域のお寺に置かれています。プロジェクトに参加するカフェや様々な店舗、会社などからのごみを回収し、たい肥にします。

SDGsゴール17　パートナーシップで目標を達成しよう
SDGsゴール12　つくる責任つかう責任

# マイクロファイナンス だれもが必要なお金を借りられる

## ——マイクロファイナンスでチャンスを！

慎泰俊さんは、アメリカの大手金融機関で仕事をしたのち、2014年7月に「五常・アンド・カンパニー株式会社」を創業して、インド、スリランカ、ミャンマー、カンボジア、タジキスタンで少額のお金を融資するマイクロファイナンスを手がけています。

途上国の所得の低い人たちは銀行口座を持っていないことがほとんどです。信用できる金融機関を使えなければ、必要なときにお金が借りられないだけでなく、安心してお金を保管することもできません。事業を始めたくても、学校に行きたくても挑戦すらできません。それはフェアではないと考える慎さんは、「だれもが自分の未来を決めることができる世界」を目指してマイクロファイナンスの会社を起業したのです。

世界中から投資を集め、お金を必要とする人に融資して、きちんと返済してもらうことで慎さんの会社も事業を成長させてきました。現在では、5カ国で約100万人が五常・アンド・カンパニーのマイクロファイナンスのサービスを利用しています。

社名の「五常」とは、儒教の5つの徳目「仁、義、礼、智、信」のことで、会社の経営理念をあらわしているそうだよ。

## マイクロファイナンスとは

マイクロファイナンスとは、途上国に住む所得の低い人向けの少額金融サービスのことです。銀行口座を持っていない人は、お金が必要なときは非合法の業者から法外に高い金利でお金を借りるしかなく、とても困っていました。

1983年、バングラデシュのムハマド・ユヌスさんは「グラミン銀行」を設立し、所得の低い人が返済できるような方法で融資を始めました。これは、マイクロクレジットと呼ばれています。これにより多くの人が貧困から脱出できました。その功績によりユヌスさんは2006年にノーベル平和賞を受賞しました。

その後、貯蓄や保険などのサービスも増え、所得の低い人向けの金融サービスをマイクロファイナンスと呼ぶようになりました。

### マイクロファイナンスのしくみ

| 投資家 | →投資 | マイクロファイナンス機関 | 融資（融資後のサポート） | お金を借りる人 |

リターン ← / 返済（借りたお金＋利子）→

マイクロファイナンスの会社って、日本の銀行のイメージとだいぶ違うんだね。

（上）融資を受けた人が経営するヤンゴンの食品店。
（左）スリランカに住むロヒニ・ウェリカラさんは、マイクロファイナンスのことを知り、融資を受けてミシンを購入し、縫製メーカーの下請け事業を始めました。今では5人を雇用しています。収入が増えたことで、息子の進学費用や結婚費用を出すことができました。

## 現地のパートナーと借り手をサポート

　金融機関が融資をするときは、お金を借りる人のことやどんな事業を計画しているのかをよく理解して、お金を貸せるかどうか判断します。マイクロファイナンスでもそれは同じですが、融資したあとも定期的にミーティングをするなど、借り手との関係を保って、借りた人がきちんと返済できるようにサポートします。

　そのためには地元の状況をよく理解していることが必要です。五常・アンド・カンパニーは、現地のマイクロファイナンスの会社をパートナーとして迎え入れて、借り手は地元の会社から融資を受けるしくみになっています。

## 自分の経験が原点

　慎さんがマイクロファイナンスを手がける原点には、「朝鮮籍」の在日朝鮮人3世としての自分自身の経験があります。朝鮮籍は国籍ではないためパスポートを持てません。海外に行くときはいつも、空港での出入国手続きが大変です。朝鮮籍に生まれただけで、このような経験をいくつもしてきた慎さんは、「生まれたときの状態が理由で、社会的に不利益を被る」ということを世界からなくしたい、と考えるようになりました。

　また、慎さんは金融を学ぶための大学院の試験に合格したものの、慎さんの家には入学に必要な120万円がありませんでした。そのとき、お父さんがだれかに頼みこんで工面した100万円を渡し

▲グループで融資を受ける女性たちと、カンボジアのパートナーの会社のスタッフ。

てくれたので、大学院に入学することができました。慎さんは、「あのときの100万円がなかったらどうなっていたのか」と考えると言います。だから、だれもがお金を借りる機会を持てるようにしたいと考えています。

## 顧客のほとんどが女性

　五常・アンド・カンパニーが提供する金融サービスを利用している人の9割以上は女性です。たとえば、卵を売ってお金を稼ぎたいという人に、親鳥やケージの購入代など最初に必要なお金を融資します。融資を受けた人は卵を売って得た利益の中から、借りたお金と利子を返していきます。無理のない計画を立てて融資しているので、これまで、お金を返せなくなった人はほとんどありません。

　女性が融資を受けて事業によってお金を稼ぐようになることは、家庭や社会の中での地位を高めることにもつながっています。

### 朝鮮籍とは

　日本は1910年からアジア・太平洋戦争で敗戦した1945年までの間、朝鮮半島を植民地支配していました。そのため、終戦時には240万人もの朝鮮半島出身の人が日本にいました。1947年、日本に残っていた朝鮮半島出身の人に外国人登録が求められ、国籍欄が「朝鮮」となりました。ただし、「朝鮮」は国を表すものではありません（大韓民国と朝鮮民主主義人民共和国ができるのは翌年の1948年）。これが「朝鮮籍」です。1965年に日韓基本条約が結ばれてからは「韓国籍」を選ぶこともできるようになりましたが、「朝鮮籍」のままの人もいます。

▲慎さんたちは現地のパートナーの会社とともに、融資の申しこみから定期的な返済まですべてのやりとりをデジタル化するアプリも開発しました。

（写真提供：五常・アンド・カンパニー株式会社）

SDGs ゴール17　パートナーシップで目標を達成しよう

# 農場<br>経営 カカオを通して世界を変える！
## ——生産者・消費者・環境を大事にチョコレートをつくる

社名の Dari はインドネシア語で「〜から」、K はスラウェシ島の形が「K」に似ているから。「カカオを通して世界を変える」という気持ちがこめられているそうです。

チョコレートは子どもから大人まで世界中で愛されているお菓子です。その原料となるのがカカオで、東南アジアの島国・インドネシアでも多く栽培されています。しかし日本が輸入しているカカオのほとんどはアフリカからで、同じアジアのインドネシアのカカオはあまり輸入されていません。吉野慶一さんは「なぜなのだろう」と疑問を感じていました。

勤めていた証券会社をやめてインドネシアを訪ねたとき、カカオ栽培がさかんなスラウェシ島で、カカオ農家の人たちがチョコレートを食べたことがないと聞いて驚きました。これをきっかけに、吉野さんはインドネシアのカカオでおいしいチョコレートをつくることを決意し、2011年にDari K株式会社を起業しました。

## 品質の高いカカオ豆をつくるには

吉野さんはスラウェシ島で農家を回り、日本でインドネシアのカカオを輸入しない理由は品質がよくないからだとわかりました。チョコレートをおいしくするためには、収穫して取り出したカカオ豆を発酵させる必要がありますが、スラウェシ島の農家は発酵させないまま出荷していたのです。その理由は、品質をよくしてもカカオの値段が変わらず、ロンドンとニューヨークの先物市場で決められてしまうためでした。

吉野さんが最初に手がけたのは、カカオを発酵させることでした。カカオについて猛勉強し、村に泊まりこんで農家の人たちに発酵の仕方を教えました。品質の高いカカオ豆をつくってもらって高く買い取り、農家の人たちにちゃんとお金を払うためです。当初、村の人たちはびっくりしましたが、今では契約農家は500人にのぼります。

▲ Dari K の看板商品はチョコレート・トリュフです。Dari K は、2015 年にパリで開催される世界最大のチョコレートの見本市「サロン・デュ・ショコラ」に出展してブロンズアワードを受賞しました。

### カカオ豆の生産量の多い国

| | | | ナイジェリア | | **インドネシア** | |
| エクアドル | | | カメルーン | | | ブラジル |
| コートジボアール<br>45.1% | ガーナ<br>16.9 | 7.0 | 6.1 | 5.3 | 4.2 4.0 | その他<br>11.4 |

472万t　　　　　　　　（2019/20年推計）（国際ココア機関）

チョコレートの原料のカカオは、赤道をはさんだ南北の熱帯でしか栽培できないんだよ。

**カカオ豆の発酵**

▲カカオの実を開ける。

▲白い果肉のついた豆を取り出す。

▲カカオ豆を発酵させる。

最初は白いんだね。

## ゼロからのチョコレートづくり

吉野さんはチョコレートづくりの知識も経験もありませんでしたが、製法を調べ、スラウェシ島から届いたカカオ豆でチョコレートをつくりました。苦心の末に完成したチョコは、びっくりするほどにおいしかったそうです。こうしてDari Kのチョコレートが誕生しました。それ以来、吉野さんたちは、チョコレートをおいしくする方法を研究し続けています。

吉野さんは、最初にスラウェシ島に行ったときから、「カカオ農家さんにチョコレートを食べさせたい」と思ってきました。2021年、吉野さんは村でチョコレートをつくるワークショップを実施しました。初めて自分たちが生産したカカオ豆のチョコレートを食べた農家の人や子どもたちは笑顔いっぱいになったそうです。

▼スラウェシの農家の人たち。吉野さんは「Dari Kのチョコレートを食べてもらうことは、おいしいチョコレート楽しみながら、海をこえたカカオ農家さんたちの栽培技術の向上や収入の安定を支えてもらうことになります」と言います。

## 生産地の人たちの視線で考える

Dari Kの事業活動はインドネシアでのカカオ生産とチョコレートの製造販売だけではなく、そのほかにも自然環境対策など、さまざまな取り組みに及んでいます。大きな特徴は「途上国の人たちの内側に立っている」ことです。

現地の人たちと話し合いを積み重ね、困っていることやその国ならではの事情を知ったうえで何ができるかを考えているのです。以前、エルニーニョ現象で7カ月雨が降らずにカカオが育たなかった経験から、カカオ以外の作物を一緒に植えて育てるアグロフォレストリー農法も進めています。カカオ農家の人たちがカカオをつくり続けられなければ、Dari Kのおいしいチョコレートもつくることができないからです。

（写真提供：Dari K）

▲カカオの実を収穫しているところ。

▲カカオの実から種（カカオ豆）を取り出しているところ。

▲発酵後のカカオを乾燥させているところ。

▲新型コロナウイルス感染症が流行する前は、カカオ農家の閑散期である夏に、社員とお客さんで産地を訪れるツアーも開催していました。

▲日本でもカカオからチョコレートをつくるキットも発売しています。

家でもカカオからチョコレートがつくれるんだね。つくってみたいな！

## 農場経営 家族のように農作業や食事を一緒に
### ——国内外から若者たちを受け入れるホスト農家

▲宇井さん夫妻（右）と、「家族のような友達」のウーファーたち。

北海道新得町で宇井農場を営む宇井宏さん。千葉県出身の宇井さんが妻の茂子さんと農業を始めたのは1980年。世の中が大量消費社会となり、自然環境破壊も問題となっていた時期。経済発展を追い求める働き方に疑問を抱き、新しい暮らし方を見つけようと日本各地を自転車旅行中、北海道で農業に出会います。研修を経て、この地に定住しました。1987年からは、化学肥料や化学農薬を一切使わずに野菜を栽培する有機農業に取り組んできました。

宇井農場は「WWOOF」という国際的なしくみのホスト農家で、国内外からウーファーと呼ばれる人たちを受け入れています。また、国内の高校生の農村ホームステイや小中学生の農場体験も受け入れ、かれらとの交流を大切にしてきました。

### 広大な十勝平野での有機農業

十勝平野に位置する広大な宇井農場の畑では、ニンジン、ジャガイモ、キャベツ、ハクサイ、カボチャ、ダイコン、トウモロコシ、ソバを育てています。農作業が最も忙しい農繁期は、春にまいた種が生長する夏から収穫の秋にかけてです。畑に化学農薬を使わないため、夏は雑草取りに追われ、野菜につく虫を取るにも人手がかかります。秋の9月に収穫作業が始まると、よい状態の作物を採るベストのタイミングを逃さないために、さらに人手が多く必要です。畑

が雪に覆われて土がこおる冬がやって来るのは例年11月末ごろ、その前に収穫を終わらせなくてはなりません。収穫した野菜は雪の下に埋めたり、保存小屋に貯蔵したりして3月ごろまでに出荷。冬は零下20度ぐらいまで下がる日もあり、雪に覆われた畑の農作業はできません。この時期、農機具や作業小屋の修理をするのも大切な仕事です。

### ウーファーは「家族のような友達」

ウーファーとは「有機農場で働きたい人たち」という意味で、WWOOFは農業体験と交流のし

ウーファーは滞在中、大工さんなら家具を修理し、料理が得意なら食事をつくるなど、できる力を発揮してくれるそうだよ。

▲ジャガイモ畑の収穫作業。

▲ニンジンの収穫作業をするウーファーたち。

（写真提供：宇井農場）

くみです。ホストの有機農家は宿泊場所と食事を提供し、ウーファーは滞在して一緒に農作業や家事などを手伝います。ウーファーになりたい人は、各国のWWOOF事務局に登録すればなれます。

宇井農場がこれまで受け入れてきたウーファーの国籍は、フランス、アメリカ、ドイツ、スウェーデン、タイ、アイルランド、オーストラリア、スロベニア、カナダ、香港、日本などです。職場の長期休暇を取って来る人、大学を休学して来る人など様々です。滞在期間は平均2週間、長期だと2カ月の人もいて、農場には力強い助っ人です。

宇井さん夫妻はウーファーと家族のように農作業や食事をしながら様々な話をします。異なる国の慣習やおたがいの体験などを伝え合うかれらからは、学ぶものがとても多いそうです。宇井さん夫妻はウーファーを「家族のような友達」と表現します。地域のイベントに一緒に参加し、ウーファーが滞在期間を終えて農場を去る前には景色のよい狩勝峠などの名所へ案内して、十勝の自然風景を楽しんでもらっています。

## 地域イベントや交流の場として

宇井農場では、これまで何回もコープさっぽろ主催のイベント「畑でレストラン」が開かれました。9月の時期に農場の一角にある「うーの森」を会場に、農場でとれたての野菜を用いてフランス料理店のシェフらが腕をふるい、お客数十人がコース料理でランチを楽しみます。また、親子でじゃがいも掘りを体験するイベント「じゃがいも畑でつかまえて」も行われてきました。

「うーの森」には地域の幼い子どもと母親たちが集まる日があり、森の中で遊びを楽しんで帰ります。森の一角にはモンゴルの移動式の建物「ゲル」も建てられ、ゲストが宿泊します。宇井さんは、「お金にはかえられない風景や足の裏の土の柔らかい感触といったものを残して、訪れる人に癒される何かを感じてもらいたい」と話します。

▶ミュージシャンでもある宇井さん（写真左）。農場の生き物や自然などを題材に作詞作曲して歌っています。地域のイベントで演奏を披露し、北海道にやって来るミュージシャンとも共演。冬の農閑期には、本州へ出かけてライブ活動し、音楽を通じて交流しています。

▲「畑でレストラン」が開催された「うーの森」。「うーの森」は、宇井さんが手を入れて保全している森です。

## WWOOFのしくみ

有機農家のホストとウーファーがお金のやり取りなしで「食事・宿泊」と「力」「知識・経験」を交換する、イギリスで1971年に誕生したしくみ。

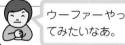
ウーファーやってみたいなあ。

**WWOOFジャパンの8つの柱**
1. 農業、特に有機農業を元気にする
2. 人と出会い、コミュニケーションの大切さを知る
3. 食の大切さや安心できる作物に関心を持つ
4. 環境に配慮したオーガニックな生活様式を学ぶ
5. 都会と田舎の行き来を増やす橋渡しになる
6. 日本と外国のつながりを深める
7. 地方文化の良さを再認識し、日本を再発見する
8. ホストの生き方を学び、多様な生き方の入り口へ
（WWOOFジャパン公式HPより）

▲農場の一角に立てられたゲル。農場体験に来た高校生やゲストたちが泊まっていきます。

ゲルに泊ってみたいね。

国と国をつないだ
卓球選手

# 荻村伊智朗
の仕事（1932〜1994年）

人物漫画

荻村伊智朗は、都立高校1年生のとき、上級生が手製の卓球台で打ち合う姿を見て美しいと感じ、仲間と卓球部をつくって卓球を始めました。

敗戦後で学校もお金がなくて、みんなでアルバイトをして中古の卓球台を買った

練習もゲームも自分の頭で考え、人一倍練習を重ねた荻村は、大学2年生の1953年、全日本選手権の男子シングルスとダブルスで初優勝しました。

学校で練習したあと夜中までここで練習しているの

1954年に日本代表に選ばれると、11年間に世界卓球選手権大会で12個の金メダルを獲得、主将として日本卓球の黄金時代を引っぱりました。

天才だね

シングルス　ダブルス　金12　銀5　銅3
団体　混合ダブルス

周恩来中国首相

1960年代になると日本に代わって中国代表が世界王者になりました。1965年、荻村は、32歳で選手を引退しました。

荻村君とは1961年の北京大会で知り合い、ときどき中国で卓球の普及に協力してもらったよ

1966年、そんな中国で文化大革命が起こりました。中国はすべての国際競技大会への参加をやめ、政治もスポーツも世界から孤立しました。

＊文化大革命　権力争いが生んだ思想改革運動。

ぼくたちも卓球ができなくなった

世界3連覇の荘則棟

## スポーツで世界を平和にできると信じて

　静岡県で生まれた荻村伊智朗は、2歳のときに父親を亡くし、東京で母親の手によって育てられました。夕食にコッペパン1つを食べて、さらにラケットを振るような高校時代でしたが、敗戦後でだれもが物のない生活を送っていたため、貧しさは気になりませんでした。

　相手がいなければ1人で練習、相手がいればどこへでも出かけていく練習好き、うまくいかないとトコトン自分で考える研究心。のちに世界で活躍して「天才」と呼ばれましたが、才能よりも、負けず嫌いの努力が彼を世界チャンピオンに押し上げたようです。

　荻村の名前は、日本に卓球の黄金時代をもたらした選手であると同時に、世界の平和に情熱を注ぎ数々の実りをもたらした人物として知られています。1971年の世界選手権名古屋大会に中国チームを復帰させ「ピンポン外交」と呼ばれる歴史的な出来事を導き出

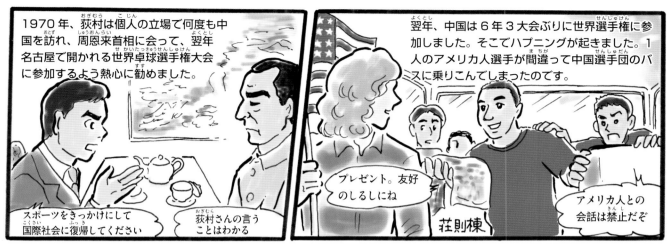

1970年、荻村は個人の立場で何度も中国を訪れ、周恩来首相に会って、翌年名古屋で開かれる世界卓球選手権大会に参加するよう熱心に勧めました。

スポーツをきっかけにして国際社会に復帰してください

荻村さんの言うことはわかる

翌年、中国は6年3大会ぶりに世界選手権に参加しました。そこでハプニングが起きました。1人のアメリカ人選手が間違って中国選手団のバスに乗りこんでしまったのです。

プレゼント。友好のしるしにね

荘則棟

アメリカ人との会話は禁止だぞ

この出来事をきっかけに、アメリカ政府高官が中国を訪問、1972年にはアメリカ大統領の中国初訪問が実現して、米中は国交正常化へと向かいました。

ピンポン外交で米中が和解です

日本も中国と国交を結んだよ

1972年に日本卓球協会に復帰、翌年国際卓球連盟（ITTF）理事になった荻村は、1987年、ITTFの会長に選ばれました。欧米生まれのスポーツの国際組織で、初のアジア人会長でした。

オギムラは発信力や行動力がすごい

積極的な人だなあ

ITTF会長となった荻村は、民族が分断された韓国と北朝鮮の合同チーム結成にも力をつくし、1991年の世界選手権千葉大会で「統一コリア」チームを実現させました。

合同合宿所を日本が提供しよう

女子団体で統一コリアが優勝した！

荻村は、卓球人気を盛り上げるために、21点先取5ゲーム制から11点先取7ゲーム制にするなどの改革を行い、1994年に亡くなりました。62歳でした。

白だけじゃつまらないからカラーボールも導入したよ

＊現在国際大会はじめほとんどの大会で白いボールを使用

した仕事、1991年の世界選手権千葉大会で統一コリアチームの参加を実現した仕事が知られていますが、ほかに人種差別政策で世界のスポーツ界からボイコットされていた南アフリカ問題で、白人・非白人の2つの国内卓球協会を合併し、南ア選手を32年ぶりのオリンピックに参加させたことなどもあります。ITTF会長時代の荻村は、1年のうち500時間以上を海外への移動に費やすというハードな仕事をしていたといいます。

（写真提供 共同通信社）

▲ 現役時代の荻村伊智朗のフォアハンド（1954年ころ）

## SDGsのゴールから未来の仕事を考えてみよう

わたしたちの未来は、いまよりもよい社会にしたいよね。

「だれ一人取り残さない社会」をつくる仕事には、どんなものがあるのでしょう。よりよい社会をつくりだす仕事とは、どんなことなのでしょう。そんな未来の仕事を考えるうえで指針となる（方向を示してくれる）のが、いま世界で取り組んでいる「SDGs（持続可能な開発目標）」です。SDGsのことは、あなたも学校で聞いたことがあるでしょう。もっとくわしく知りたければ、この本の最後に解説（資料）があるので読んでみてください。

これまでのページでは、SDGsのゴール16とゴール17にかかわる先進的な仕事を取り上げました。次のページからは、未来に向かってさらに発展した仕事を考えてみました。それぞれのゴール達成に役立つ仕事を、あなたも考えてみましょう。

### ゴール16 平和と公正をすべての人に

ゴール16の目標は、未来へ向かって発展していくためにも、すべての人が司法によってあらゆる形の暴力や犯罪から守られ、汚職や差別がなく情報公開が進んだ、平和で公正な社会をつくり出すことです。

## ゴール 17 パートナーシップで目標を達成しよう

ゴール17の目標は、SDGsの各ゴールを達成するために、すべての関係者が手をたずさえて協働する「グローバル・パートナーシップ」を活性化することと、開発途上国のSDGs達成のために先進国が資金や科学技術で強力に支援することです。

# 地球災害救助隊

〔想像図〕

　地球温暖化は気候変動となって世界全体に襲いかかっています。台風や大雨、干ばつ、熱波などの気象災害や大規模な森林火災、海面上昇が起きて、大勢の人が命を失ったり、住むところを失ったりしています。大規模な災害は、もはや国境をこえて地球全体に広がっています。地球災害救助隊は国の組織に属さず、現在の国連のような組織となって国をこえた救助活動を行います。

大きな災害の救助には、国際的な機関が必要になってくるね。

地球災害救助隊隊員

地球災害救助隊隊員

〔想像図〕

SDGs ゴール16 平和と公正をすべての人に

28

# 宇宙ごみスウィーパー

〔想像図〕

　1957年、ソビエト連邦（現ロシア）が人工衛星を世界で初めて宇宙に打ち上げました。それ以来人類は5000回以上ロケットを打ち上げています。現在、地球の周りには1000基以上の人工衛星や国際宇宙ステーションが航行しています。それらは、運用を終えて残がいとなったり、本体からはがれ落ちたりして、宇宙をただよっています。これらはスペースデブリ（宇宙ごみ）と呼ばれています。スペースデブリを放置すると、デブリと人工衛星やロケットとが衝突する危険性が増します。宇宙ごみスウィーパーは、スペースデブリを除去したり、回収するのが仕事です。

**操縦室**
地球上から、無人の宇宙ごみスウィーパーを操縦している。

**宇宙ごみスウィーパー**

**宇宙空間にただよっているスペースデブリ（宇宙ごみ）**

**宇宙ごみスウィーパー**

〔想像図〕

SDGs ゴール16 平和と公正をすべての人に

# 文化財レスキュー隊

　20世紀は、大きな戦争が2回あり、各地域で内戦や紛争が起きて、多くの文化財が破壊されてきました。宗教的な理由などからも文化財は破壊されています。また、地震などの自然災害での文化財の破損も多くなっています。文化財レスキュー隊は、AI（人工知能）やドローンなどを使って、文化財の修復や再現、予防措置を行います。

文化財レスキュー隊隊員

文化財レスキュー隊隊員

〔想像図〕

　文化財レスキュー隊隊員による地雷発見除去の様子。紛争地には地雷が埋まっている場合があるので危険。地雷発見機をつけたドローンを操作している。

地雷は「人を殺さないこと」を目的にしているんだ。殺してしまうよりも負傷させたほうが敵兵力を奪うことにつながるからだよ。「悪魔の兵器」と呼ばれているんだよ。

SDGs ゴール16 平和と公正をすべての人に

# 個人情報保護アドバイザー

　個人がその人として認証される証明には、現在は運転免許証や保険証などが使われ、スマートフォンのロック解除には何桁かの数字や指紋、顔の形などの認証が使われています。クレジットカードや銀行のキャッシュカードでは何桁かの数字、インターネットの買い物ではID番号やパスワードの入力が必要です。今後ますますデジタル化が進み、将来は選挙も電子投票が一般的になるでしょう。しかし便利になる反面、他人によるなりすましや、個人データを盗み出す犯罪に使われる危険性も増えます。国や自治体はもちろん民間でも大切な個人データの流失は絶対に防がなければなりません。

　個人情報保護アドバイザーは、個人の人権や利益を守るために、なりすましやプライバシー流出などのトラブル相談、個人証明が取れないなどの相談に対して、解決に向けて寄りそいアドバイスをします。

IDとパスワードが盗まれてしまい、私の個人情報が流出してしまいました。

相談にきた人

写真データ　出生証明書　運転免許証

　個人情報保護アドバイザーは、相談にきた男性が持参した個人情報について調べ、インターネット上に流出していたものは可能な限り削除要請の手続きをします。また、これ以上個人情報を流出させないための方法をアドバイスします。

個人情報保護アドバイザー

個人の情報は大切に扱わなければならないね。

未来の社会では、個人を証明する方法として、どのようなものがあるのかな?

〔想像図〕

**キーワード　なりすまし**
　他人のふりをして活動すること。インターネットの中てのなりすましは、他人のIDやパスワードを盗み、その人のふりをして、不正なことを行うこと。

SDGs ゴール16 平和と公正をすべての人に

# 街かど保健室相談員

　「保健室」といっても、体調の悪い人だけが利用する場所ではありません。街かど保健室は、街中の一角にある相談室です。悩みごとや相談ごとのある人なら、だれでも立ち寄れる場所です。相談員は様々な職業についたことのある老若男女、ロボット相談員もいます。相談をする人が、相談員を自由に選ぶことができます。さらに、医療、福祉の相談も、ケアマネージャーなどの資格がある専門職に、相談できるようになっています。

気軽に悩みごとを相談できればいいね。

孫とどういう遊びをしようか相談に来ている人

相談員

ロボット相談員

車の上手な運転の仕方をロボットに聞きに来ている人

相談員

好きな子に告白できなくて悩んでいる人

サッカーが下手で悩んでいる人

相談員

〔想像図〕

SDGs ゴール16 平和と公正をすべての人に
SDGs ゴール17 パートナーシップで目標を達成しよう

# デジタルデバイドチェッカー

デジタルデバイドとは、コンピュータやインターネットなどの情報技術を利用したり使いこなしたりできる人と、そうでない人の間に生じる格差や不平等のことをいいます。その格差には、おもに個人や集団の間に生じる格差と、地域間や国家間で生じる格差があります。デジタルデバイドチェッカーは、年齢や地域事情などに関係なく、だれもが情報技術を使えるようにサポートします。

デジタルデバイドチェッカー

高齢者、障がい者など

高齢者に機器の使い方を
説明してる。

被災地など

災害の被災地で情報機器
の使用で不便なことはな
いか聞いている。

過疎地や遠隔地など

過疎地で、電波状況が悪く途切
れることがないのかなど、不便
なことがないかを聞いている。

〔想像図〕

SDGs ゴール 16 平和と公正をすべての人に
SDGs ゴール 17 パートナーシップで目標を達成しよう

33

# 10年後予測アーティスト

　10年後、社会がどうなっているか、どのような技術が出てくるのかなどを予測する仕事です。アーティスト（芸術家）と呼ばれるのは、未来を思い描くためには、芸術家の想像力が役立つからです。この絵には男女4人とロボット2体のチームが、10年後の交通システムがどうなっているかを映像化したり、小説にしたりしている様子が描かれています。AIが組みこまれたロボットが未来の交通システムをシミュレーションしています。

10年後予測アーティスト

10年後予測アーティスト

〔想像図〕

　「理想の未来を描いてみて、その理想の未来に近づけるために、現状をどうするかを考えよう」という思考法があります。バックキャスト・アプローチという思考法です。SDGsもこの思考法を積極的に使い、ゴールの達成（2030年）を目指しています。

SDGs ゴール 17 パートナーシップで目標を達成しよう

# 世界子ども会議議員

この絵は、世界の子どもたちの代表が集まって、またリモートで参加し、世界子ども会議をしている様子です。未来の世界子ども会議の決議や宣言は、大人の国際会議と同等の影響力を持つかもしれません。この絵での議題は地球環境問題です。スクリーンには南極の氷河が崩れているのが映っています。円卓には北極の氷がとけているモデルが映し出されています。10年後も、地球の温暖化は現在のように大きな問題として継続しているかもしれません。あるいは、SDGsゴール13「気候変動に具体的な対策を」というテーマが、世界中の人々に共有され、具体策が出され、それが実行され「地球温暖化」が止められているのかもしれません。

**世界子ども会議**

10年後の、子どもたちだね。

2020年ごろ、10代の子どもたちが気候問題を考え、国連にアピールしていたそうだよ。

そうなんだ。2020年ごろの子どももがんばっていたんだね。

科学の力で、地球の環境悪化は止められないのかな?

必要なだけのエネルギーを使っていれば、地球は壊れないと思うんだけど。

先進国ばかりがエネルギーを使ってきて、ずるくないのかな?

ホッキョクグマの映像を出したよ。

北極

司会者

北極の氷はどんどんとけてるようだよ。

現在(2030年)の地球の環境、みんなどう思う?

子どもも大人もみんなでがんばれば、だいじょうぶだよ。ふうぅ～

〔想像図〕

SDGs ゴール 17 パートナーシップで目標を達成しよう

35

# 【資料】SDGs（持続可能な開発目標）

　2015年、国連で「持続可能な開発のための2030アジェンダ」が採択されました。「アジェンダ」とは行動計画のこと。「2030アジェンダ」は、これまで国連が取り組んできた、環境、貧困、人権、開発、平和などの課題について、2030年までの解決をめざして整理したものです。この「2030アジェンダ」のなかで、各分野の目標を具体的に定めたのが、「SDGs（Sustainable Development Goals）」＝「持続可能な開発目標」です。
　SDGsは、17の「ゴール（大目標）」と169の「ターゲット（小目標）」からなっています。ゴールの1から15は「社会」「経済」「環境」の3分野の課題、ゴールの16と17は分野を横断する課題です。
　「2030アジェンダ」は国際条約ではないので、罰則や強制力はありませんが、国連に加盟するすべての国が全会一致で決議した宣言です。
　第4巻は、SDGsのゴール16とゴール17にかかわる仕事を取り上げました。16と17のゴールの内容は次のとおりです。

## ゴール16　平和と公正をすべての人に

【主なターゲット】

ターゲット16.1　あらゆる場所からすべての暴力をなくし暴力による死者をなくす。

ターゲット16.2　虐待、児童労働、人身売買など、児童に対するあらゆる形の暴力をなくす。

ターゲット16.4　2030年までに資金と武器の違法取引を大幅に減らし、あらゆる組織犯罪をなくす。

ターゲット16.5　あらゆる形の汚職（地位や権限を利用し、お金を受け取って相手の都合のいいようにする不正行為）や贈賄（不正をしてもらうためにお金などを渡す行為）を大幅に減らす。

ターゲット16.9　2030年までに、すべての人に出生登録と法に基づいた身分証明を提供する。

ターゲット16.10　国内法と国際協定に基づいて情報公開制度を整え、基本的自由を保障する。

　ゴール16がかかげる平和と公正な社会の確保は、これまでのSDGsゴールすべての目標達成に必要な基本的条件といえます。とくに貧困や飢餓や不平等をなくし、健康や教育や仕事から遠ざけられている人をなくすには、戦争や紛争を解決・防止して、国外に脱出した難民や危険を避けて家を出た国内避難民を減らすことが不可欠です。

　また、あらゆる差別や偏見をなくし平等で働きがいのある仕事を確保する、気候変動に対処するためにエネルギーを化石燃料から再生可能エネルギーに転換する、海や陸の自然環境を保護するといった大きな課題の解決には、政府や行政機関、司法機関が汚職や不正のない公正なものである必要があります。

　わたしたちの社会が未来へ向かって発展していくためには、すべての人が法律や制度によってあらゆる暴力や犯罪から守られ、汚職や差別がなく、情報公開が進んで個人の人権や基本的自由が守られる、平和で公正な社会でなければならないのです。

## ゴール17　パートナーシップで目標を達成しよう

【主なターゲット】

ターゲット17.2　先進国は、開発途上国と後発開発途上国に向けたODA（政府開発援助）を目標金額まで完全に実施する。

ターゲット17.7　開発途上国に有利な条件で、科学技術ほかのあらゆる技術を普及させる。

ターゲット17.9　開発途上国がすべてのSDGs計画を実施する能力をつけられるように、国際社会はさまざまな形で支援を行う。

ターゲット17.10　WTO（世界貿易機関）のもとで、ルールに基づいた公平で自由な貿易体制を進展させる。

ターゲット17.11　開発途上国の輸出を大幅に増加させ、2020年までに後発開発途上国の輸出を倍増させる。

ターゲット17.13　各国が協調し、政策を一貫させて、世界経済を安定させる。

ターゲット17.16　開発途上国を含むすべての国ぐにのSDGs達成を支援するため、知識・技術・資金など、投入できるものすべてを投入し、かかわるものすべてが連携できる協力体制を強化する。

ターゲット17.18　すべての開発途上国が、質が高く信頼できる国内の基礎データを持てるようにする。

　SDGsの各ゴールは、1つの自治体や1つの国の努力だけで達成できるものではありません。関係するすべての人・企業・団体・大学・研究機関・国・国際機関が全地球規模で手をたずさえて協働する「グローバル・パートナーシップ」が必要です。

　SDGs目標を解決に導くとされる新しい科学技術や技術革新能力を持っているのは先進国や新興国です。農業を中心とする開発途上国・後発開発途上国にはその力が不足しています。またSDGs達成には莫大な資金が必要とされていますが、世界のお金のほとんどは先進国と新興国に集まっています。グローバル・パートナーシップを発揮して、先進国が持つ科学的知見や技術や資金を相手に有利な条件で開発途上国に提供していくことが、世界のSDGs達成のカギとなります。

　いま世界中で大雨、洪水、台風、ハリケーン、山火事、干ばつ、熱波、寒波など、大きな気象災害が多発しています。気象災害によって最も大きな人的被害・経済的被害を受けているのは、アフリカ、東南アジア・南アジア、中央アメリカの開発途上国です。これまでにない激しい気象災害の増加は、地球温暖化が引き起こす気候変動が原因で、いま世界が協力して温室効果ガスの排出を止めないと温暖化は一層進み、世界は海面上昇や食糧危機といったさらに厳しい大災害を経験することになります。温室効果ガスの排出を止めるには、世界中が経済基盤を再生可能エネルギーに転換する必要があり、グローバル・パートナーシップなしにそれを成し遂げることは不可能です。

# ① 〔人を守る・楽しくさせる仕事〕

## 健康的な食生活を支える知識と技能を学ぶ
### 家庭料理技能検定

毎日の食事の重要性や栄養バランス、食文化など、家庭料理を体系的に理解することで、家族とともに豊かな人生を送ることができます。4・5級は小・中学校の家庭科で習うレベルで、インターネットで受験できます。3級からは筆記試験合格後、キュウリの輪切りなどの実技試験が行われます。

〔受験日〕年2回〔会場〕全国ＣＢＴテストセンターなど
〔実施級〕5～2級、準1級、1級〔年齢制限〕なし
〔公式サイトURL〕https://www.ryouken.jp/

## 良き農業の理解者・応援団になろう
### 日本農業検定

出題分野は「農業全般」「環境」「食」「栽培」の4分野に分かれ、作物栽培や食にかんする基礎知識、日本の農業の現状から地球の温暖化の影響まで農業の総合的な知識を深められます。3級ではカブやコマツナ、シソなどのプランター栽培、1級では果樹栽培まで出題されます。どの級からでも受験可能。

〔受験日〕年1回〔会場〕全国ＣＢＴテストセンター
〔実施級〕3～1級〔年齢制限〕なし
〔公式サイトURL〕https://nou-ken.jp/

## 飲食業界の仕事に就くときに有利な資格
### フードコーディネーター

1級・2級資格保有者は、食の「開発」「演出」「運営」のクリエーターとして活躍しています。3級は中学校卒業以上で受験でき、食にかかわる「文化」「科学」「デザイン・アート」「経済・経営」の4分野から出題されます。また、3級資格が取得できる認定校が全国に74校あります。

〔受験日〕年1回〔会場〕全国ＣＢＴテストセンター（1級以外）
〔実施級〕3～1級〔年齢制限〕3級は中学校卒業以上
〔公式サイトURL〕https://www.fcaj.or.jp/

## 生産、買う、調理、食べるまでを学び実践
### 食の検定

4級・3級は「食べる」「畑から食卓まで」がテーマで、だれでも受験できます。2級では、「食」や「農」の仕事を専門にする人が知っておきたい知識が問われます。さらに1級は、その知識を日々の中で活用し他者にも提供していくことを問う筆記試験・小論文・課題提出で構成されています。

〔受験日〕年4回〔会場〕オンライン（1級は年1回、会場未定）〔実施級〕4～準2級・1級〔年齢制限〕なし
〔公式サイトURL〕https://www.syokuken.jp/

## 身近な人を介助できるようになる
### サービス介助士ジュニア

中学校・高校などの授業として17時間以上実施される「サービス介助士ジュニア資格取得講座」を受講し、課題に取り組みます。まず自分自身を見つめ、人とのかかわり合いの中で生きている自分と向き合うプログラムから始め、学びを深めていきます。実技試験と筆記試験の合格者に認定証が発行されます。

〔受験日〕導入する学校による〔会場〕学校単位
〔実施級〕社会人向け資格もあり〔年齢制限〕中学生以上
〔公式サイトURL〕https://www.carefit.org/carefit/type/junior.php/

## 家族の介護のためにも役立つ
### 介護職員初任者研修

介護職員として働く上で基本となる知識・技術を持っていることを証明する入門資格です。厚生労働省が定める指針にそったカリキュラムを実施しているスクールが全国にあり、スクールに通って130時間のカリキュラムを修了し、筆記試験に合格することで資格がとれます。介護未経験者も受講できます。

〔受験日〕主催者による〔会場〕主催者による
〔実施級〕実務者研修もあり〔年齢制限〕なし
〔公式サイトURL〕https://www.acpa-main.org/

将来の仕事を考えるため、SDGsを実践するため、学校の勉強に役立つかも、興味がある、趣味を見つけたい・広げたいなど、何かのきっかけのために！このシリーズのテーマに関連した、10代でもとれる資格や検定を集めました。

10代でとれるものも、いっぱいあるんだよ。

## 超高齢化社会でますます必要とされる資格
# 介護福祉士

介護にかんする指導までを行える介護職唯一の国家資格です。受験資格の取得には、①福祉系の高校を卒業する、②養成施設として認定を受けた専門学校を卒業する、③介護の仕事に3年以上従事して実務者研修を修了するなどのルートがあります。

〔受験日〕年1回〔会場〕全国35会場（実技試験2会場）
〔実施級〕上位資格は認定介護福祉士〔年齢制限〕資格取得ルートによる
〔公式サイトURL〕http://www.sssc.or.jp/kaigo/

## 点字に接する機会を持とう
# 児童点字検定（3級）

点字とは、視覚障がい者のために凹凸の点の組み合わせで表した文字のことです。だれでも受験できますが、目が見える人向けなので試験用紙の点字は黒い点として印刷されています。3級は小学校3〜6年生を対象に、50音から濁点などの点字のしくみを理解し、点字を読み解く問題のみが出題されます。

〔受験日〕年1回〔会場〕個人受験は東京のみ
〔実施級〕ビジネス点字検定3級、2級もあり〔年齢制限〕なし
〔公式サイトURL〕http://www.tenjikentei.jp/

## 自分の手話能力を知るための検定
# 手話技能検定

手話とは、手や指の動きなどによって音声言語を視覚的に表現するものです。この検定は手話の言語として技能をためす試験です。4級以上は小学校4年生程度の日本語の能力が必要です。3級まではどの級からでも受験できますが、2級・1級は段階的に受験していく方式です。

〔受験日〕年2回〔会場〕全国6会場、オンラインもあり
〔実施級〕7〜1級〔年齢制限〕なし
〔公式サイトURL〕https://www.shuwaken.org/

## 高齢者や障がい者に住みやすい住環境を
# 福祉住環境コーディネーター検定試験

医療・福祉・建築について体系的に幅広い知識を持ち、様々な分野の専門家と連携をとりながら高齢者や障がい者に対して適切な住宅改修プランや福祉用具を提案できるようになることが目的です。1級は2級合格が条件で記述式試験もあり、実践力、応用力、総合的判断力が問われます。

〔受験日〕年2回〔会場〕原則としてオンライン
〔実施級〕3〜1級〔年齢制限〕なし
〔公式サイトURL〕https://www.kentei.org/fukushi/

## 香りのスペシャリスト
# アロマテラピー検定

ラベンダーやペパーミントなど、植物から抽出した精油（エッセンシャルオイル）には心身をリラックスさせる効果があります。精油を使った美容法や健康増進法がアロマテラピーです。精油の安全な使い方やアロマテラピーの歴史などを公式テキストで学び、香りをかいで精油の名前を当てるテストもあります。

〔受験日〕年2回〔会場〕オンライン
〔実施級〕2級、1級〔年齢制限〕なし
〔公式サイトURL〕https://www.aromakankyo.or.jp/kentei/

## ケガの少ないスポーツ環境をつくる
# スポーツ医学検定

一般の人を対象に、身体やスポーツのケガにかんする正しい知識を広めることを目的としてつくられました。検定で得られた知識は、ケガの予防、ケガからの競技復帰、競技力の向上に活かせます。全級だれでも受験でき、併願も可能です。まずは、オンラインでいつでも受験できる初級にチャレンジ。

〔受験日〕年2回〔会場〕全国10会場（1級は6会場）
〔実施級〕初級、3〜1級〔年齢制限〕なし
〔公式サイトURL〕https://spomed.or.jp/

（2021年11月現在）

# ② 〔よりよい社会をつくる仕事〕

## 小学校から高校までの理科の知識を測る
### 理科検定（実用理科技能検定）

　試験は、階級別の「理検STEP」と、到達した点数によって階級を取得できる「理検SCORE」の2方式があり、教科書の内容から出題されます。6級が小学校6年生、5〜3級が中学生、2級以上は物理・化学・生物・地学に分かれ、高校生レベルです。9級以下は「理検SCORE30」をオンライン受験できます。

〔受験日〕年4回（8〜6級は年3回）〔会場〕全国6会場
〔実施級〕11〜1級〔年齢制限〕なし
〔公式サイトURL〕https://www.rikakentei.com/

## 和服を仕立てるための知識と技能を認定
### 和裁検定試験

　4級では初歩的な和裁の知識を問う筆記と、試験場で3時間30分内に浴衣を仕立てる実技試験が行われます。3〜1級の試験では部分縫いが加わり、実技では規定時間内に女子袷長着を仕立てます。2級以上は和裁のプロとして必要な技術を持つ証明となり、呉服店や結婚式場などへの就職に有利です。

〔受験日〕年1回〔会場〕都内専門学校ほか
〔実施級〕4〜1級〔年齢制限〕なし
〔公式サイトURL〕https://www.kentei.org/wasai/

## 描画力と創造力をプロが客観的に評価
### 漫画キャラクター検定

　A4漫画用紙1枚に、指定のストーリーと条件から受験者がイメージしたキャラクターを描き上げます。4級ではキャラクターの表情を上半身で描き、ペン入れはしません。準2級からは全身2体のキャラクターに動きを加え、背景の描画も指示されます。ほかに「漫画家アシスタント検定」もあります。

〔受験日〕年3回〔会場〕全国の指定校〔実施級〕4級、3級、準2級、2級、準1級、1級〔年齢制限〕なし
〔公式サイトURL〕http://www.manken.ne.jp/

## ゲームなど1つの作品を完成させる
### ジュニア・プログラミング検定

　検定では、単にプログラミング言語や用語の知識を問うのではなく、画面上でブロックを組み合わせることによって楽しみながらゲームやアニメーションがつくれる「スクラッチ」というプログラミング学習ソフトを使って制限時間内に1つのプログラムを完成させます。未就学児もおとなも受験できます。

〔受験日〕会場による〔会場〕全国の指定校
〔実施級〕4〜1級〔年齢制限〕なし
〔公式サイトURL〕https://www.sikaku.gr.jp/js/ks/

## 楽しみながら車の知識が学べる
### くるまマイスター検定

　中学生以下を対象としたジュニアクラスは無料で、自動車メーカー、車種、交通ルールなどが出題されます。4級では車のしくみや安全運転について問われますが、運転免許が持てない10代も受験できます。車の歴史やモータースポーツ、最新情報まで、自信がある人は、3級から受験にチャレンジ！

〔受験日〕年2回〔会場〕オンライン〔実施級〕ジュニア、4級、3級プロ、3〜1級〔年齢制限〕なし
〔公式サイトURL〕https://www.meister-kentei.jp/car/

## 思考力・判断力・表現力をチェック
### 算数検定・数学検定

　算数検定（11〜6級）は小学校1〜6年生を対象とし、問題は文章や図・表・グラフなどで説明する記述式で出題されます。採点は解答の結果だけではなく、途中までの考え方が数学的に正しければ部分点がもらえます。小学生でも、中学生以上が対象の数学検定（5〜1級）を受験することができます。

〔受験日〕年3回（個人受験、8級以上）〔会場〕各都道府県
〔実施級〕11〜6級〔年齢制限〕なし
〔公式サイトURL〕https://www.su-gaku.net/suken/

Webページで調べてみようかな。

## 小学校3年生から社会人まで
## ロボット検定® For EV3

　小学校からプログラミング教育が必修となり、ロボットをつくってみたい人におすすめです。ロボットにかんする知識を問う筆記試験と、指定教材の「教育用レゴ® マインドストーム®EV3」を使って組み立てたロボットをプログラミングして課題どおりにロボットが動くかを確認する実技試験があります。

〔受験日〕年2回〔会場〕全国の認定校〔実施級〕3級、準2級、2級、準1級、1級〔年齢制限〕小学校3年生以上
〔公式サイトURL〕https://robogiken.jp/

## 楽しく安全に飛行させるために
## ドローン検定（無人航空従事者試験）

　ドローンは、映像の撮影、農業や輸送、災害対策などで活用されている一方で、事故も増えています。だれでも受験できる4級と3級は、用語や動作の基礎知識から航空工学、気象学、電波関連、法令などを問う問題となっています。試験はマークシート方式による筆記のみで、実技試験はありません。

〔受験日〕年6回（1級は年3回）〔会場〕各都道府県
〔実施級〕4～1級〔年齢制限〕なし
〔公式サイトURL〕https://drone-kentei.com/

## デザインの役割と感性を養うための学び
## プロダクトデザイン検定

　プロダクトデザインとは、製品のデザインのことです。それは単に製品の色や形だけのものではなく、魅力ある商品づくりや効率的な商品開発、デザインの効果的活用にまでかかわっています。2級では日常生活や仕事で役立つ知識、1級では商品開発にたずさわる人に必要な知識と技術が問われます。

〔受験日〕随時〔会場〕全国CBTテストセンター
〔実施級〕2級、1級〔年齢制限〕なし
〔公式サイトURL〕https://jida-pdkentei.com/

## 色選びはセンスの問題ではありません
## 色彩検定®

　色の基礎から組み合わせ方、ファッションやインテリア、グラフィックなど専門分野における利用まで幅広い知識が身につきます。3～1級は初心者から上級者向け、UC級は「ユニバーサルデザイン」と呼ばれる、だれもが見やすい色使いを習得したい人向けです。どの級からでも受験できます。

〔受験日〕年2回（1級は年1回）〔会場〕各都道府県
〔実施級〕3～1級、UC級〔年齢制限〕なし
〔公式サイトURL〕https://www.aft.or.jp/

## 旅先の地理や観光情報の知識を評価する
## 旅行地理検定

　「日本旅行地理」と「世界旅行地理」があり、それぞれ初級から上級に分かれています。上級は観光案内のプロ、中級はおもな観光地のガイドができるレベルです。旅行地理について学習することで、旅の楽しみを広げるだけでなく、視野が広がります。上級以外はオンライン受験もできます。

〔受験日〕年2回〔会場〕全国CBTテストセンター
〔実施級〕初級、中級、上級〔年齢制限〕なし
〔公式サイトURL〕https://www.chirikentei.jp/

## 城を愛するすべての人のための検定
## 日本城郭検定

　3級では日本城郭協会が認定する「日本100名城」の知識を中心に城の分類や造り、歴史、地域文化など、オンライン受験もできます。2級では「続日本100名城」の知識が加わり、準1級（武者返級）では「今回のテーマ」から出題されます。1級は年1回、雑学や最新情報まで。

〔受験日〕年2回（1級は年1回）〔会場〕全国5会場
〔実施級〕3級、2級、準1級、1級〔年齢制限〕なし
〔公式サイトURL〕https://www.kentei-uketsuke.com/shiro/

（2021年11月現在）

# ③〔地球環境を守る仕事〕

## 家庭や学校での日常清掃から専門業務まで
### 掃除能力検定

掃除を知識の上で認識するのみでなく、実技試験を通して掃除技術を習得できます。まずは、掃除の心構え、浴室やキッチン、トイレなどの掃除方法を学ぶ5級にチャレンジ。年齢に関係なく受験できます。さらに店舗などでの掃除方法を中心とする4級を取得すればアルバイトの際に役立ちます。

〔受験日〕随時〔会場〕全国CBTテストセンター
〔実施級〕掃除能力検定士5～2級（1級は未定）〔年齢制限〕なし
〔公式サイトURL〕http://www.soujikentei.or.jp/

## 将来、環境管理士として働くために
### 環境管理士

初歩的な環境知識を評価する6級・5級は、小学校高学年から中学生を対象に各学校での団体受験を前提としています。会場受験は高校生以上が対象の4級から。また、18歳以上は「生活環境」「環境法令」「経営環境」の3分野から成る通信講座の1～3分野を修了することでも4～2級を取得できます。

〔受験日〕年2回〔会場〕東京と大阪（4級以上）
〔実施級〕6～1級〔年齢制限〕なし
〔公式サイトURL〕https://www.nikkankyo.com/

## 子どもたちの防災力を養う
### ジュニア防災検定

防災検定5級は小学校4・5年、4級は小学校6年・中学校1年、3級は中学校2・3年を対象としています。筆記試験だけでなく、「家族防災会議レポート」と「防災自由研究」の課題を提出します。課題を学校の夏休みの宿題として、また、防災教室の一環として検定を実施している団体もあります。

〔受験日〕随時〔会場〕学校、各種団体（個人受験も可能）
〔実施級〕防災検定5～3級〔年齢制限〕なし
〔公式サイトURL〕http://www.jbk.jp.net/

## 身近なエコ活動から地球環境を考える
### eco検定®（環境社会検定試験®）

環境問題が体系的に身につく「環境教育の入門編」として、専門家に限らず10代から社会人まで幅広く受験しています。検定では、地球の自然環境の基礎知識から今起きている環境問題などについて出題されます。合格者は「エコピープル」と呼ばれ、持続可能な社会に向けての取り組みを続けています。

〔受験日〕年2回〔会場〕原則としてオンライン
〔実施級〕級の設定なし〔年齢制限〕なし
〔公式サイトURL〕https://www.kentei.org/eco/

## 星空を見上げる楽しみがいっそう広がる
### 星空宇宙天文検定

出題テーマは「星空観察・観測」「星・宇宙」「宇宙開発・探査」「宇宙観の歴史」「星と生活」など、科学だけでなく星座や暦などの生活文化に根ざした内容も入ります。スタートレベルの5級、基礎知識が問われる4級は、小学生の合格者も多い。家族割もあるので、家族みんなで楽しく学べます。

〔受験日〕年2回〔会場〕東京と大阪
〔実施級〕5～1級〔年齢制限〕なし
〔公式サイトURL〕https://www.hoshiken.org/

## さまざまな観測データから天気を予報する
### 気象予報士

気象庁や気象予報会社、放送局などで気象関連の仕事をするために必要な国家資格です。学科試験は予報業務にかんする一般知識と専門知識の2科目があり、合格した科目は1年間試験免除となります。実技試験は記述式で、気象変動の把握、局地的な予報、台風など緊急時における対応が問われます。

〔受験日〕年2回〔会場〕全国6都市7会場〔年齢制限〕なし
〔公式サイトURL〕https://www.jmbsc.or.jp/jp/examination/examination.html

知らないことにチャレンジしてみようかな。

## 世界共通のダイビング・ライセンス

# ジュニア・ダイバー

　空気のボンベを背負って海にもぐるスキューバダイビングを安全に楽しむためには、必要な知識と技術を習得したことを証明するＣカード（ダイビング認定証）の取得が必要です。学科講習とプールダイブ、海洋実習を修了することで10歳からジュニア・ダイバー認定のＣカードが取得できます。

〔受験日〕随時〔会場〕全国〔実施級〕ジュニア・オープン・ウォーター・ダイバーほか〔年齢制限〕10歳以上15歳未満
〔公式サイトURL〕https://www.padi.co.jp/

## 全国で栽培される食用きのこは20種類以上

# きのこマイスター （入門コース）

　栽培されているきのこについて総合的に学ぶ認定講座です。入門コースは、長野県での２日間の通学による通常講座と、DVDにより自宅で学習する通信講座があります。種類や栄養学などを学び、修了試験は全国８会場で受験できます。さらに探究コースでは調理法、専攻コースでは経営学まで学びます。

〔受験日〕年１回〔会場〕全国８会場〔実施級〕探求コース、専攻コースもあり〔年齢制限〕なし
〔公式サイトURL〕https://kinokomeister.com/

## 自然環境の保全を担う明日の人材を育てる

# 生物分類技能検定

　現在、世界で自然環境の劣化により、野生生物の種の絶滅が大きな問題となっています。生物の多様性の基本となっているのは「種」です。どの生物が仲間なのか、小中学生から受験できる４級では、野生種、栽培種、家畜、野菜、果物など、身近な動植物の区別や形に関する基礎的問題が出題されます。

〔受験日〕年１回〔会場〕全国ＣＢＴテストセンター
〔実施級〕４〜１級〔年齢制限〕なし
〔公式サイトURL〕http://www.jwrc.or.jp/service/approval/

## 森林に親しんでたくさんの樹木をおぼえよう

# 子ども樹木博士

　10名ほどのグループになり、森林インストラクターの案内で樹木の葉や枝にふれながら森や緑地を１時間程度で回り、樹木の名前をおぼえます。散策後、標本で樹木の特徴を確認したら、テストを受けます。１つ正解したら10級、10正解したら１級、11以上が初段、40以上が最高の４段です。

〔受験日〕主催者による〔会場〕主催者による
〔実施級〕10〜１級、初段〜４段〔年齢制限〕実施団体による
〔公式サイトURL〕http://www.kodomojumokuhakase.jp/

## 山の自然を守って楽しく山に登る

# 新・山の知識WEB検定

　初級向けのブロンズコースでは、地図や天気図が読め、必要な装備、緊急時の行動、山の基礎知識やマナーが出題され、合格者は雪のない2000m級までの登山が安全にできるレベルです。登山歴が数年以上ある人はシルバーコースからチャレンジ。ゴールドコースはリーダーとしての知識が必要です。

〔受験日〕５〜12月中随時〔会場〕オンライン
〔実施級〕ブロンズ、シルバー、ゴールド〔年齢制限〕なし
〔公式サイトURL〕https://yama-kentei.org/

## もっともっと、ねことなかよくなりたい人に

# ねこ検定

　初級では、ねこにストレスを与えることなく、いっしょに過ごすための知識が問われます。中級は、ねこの一生に責任を持ち、おたがいに幸せに過ごせる「ねこのスペシャリスト」、上級は、ねこの行動や気持ちを理解し、ストレス予防や医療にも精通している「ねこのマスター」レベルです。

〔受験日〕年１回〔会場〕全国５会場、オンラインもあり
〔実施級〕初級、中級、上級〔年齢制限〕なし
〔公式サイトURL〕https://www.kentei-uketsuke.com/neko/

（2021年11月現在）

# ④〔平和をつくる仕事、開発援助・協力を進める仕事〕

## 安全・安心にインターネットを利用しよう

### インターネットにおけるルールとマナー検定

インターネット上のルールやマナーの知識をテストし、正解と解説を知ることにより知識がレベルアップされる検定です。小学校4年生くらいから中学生向けの子どもばんは30問、小学校低学年向けのふりがなつきもあります。問題は日替わりで、親や教師もいっしょに何度でもオンライン受験できます。

〔受験日〕随時〔会場〕オンライン
〔実施級〕こどもばん、大人版、ビジネス版〔年齢制限〕なし
〔公式サイトURL〕https://rm.iajapan.org/

## コミュニケーション力に自信がつく

### コミュニケーション検定

初級はデュアルカメラつきのスマホとPCを使ってのリモート受験のみ。「話す」「聞く」ことによって周囲の人々と円滑なコミュニケーションをとることができるかどうかが評価されます。上級は会場受験となり、選択式試験と面接試験があります。面接では就職試験などを想定に自己紹介し、60秒で質問に答えます。

〔受験日〕年2回〔会場〕初級はオンラインのみ。東京、名古屋、大阪〔実施級〕初級、上級〔年齢制限〕なし
〔公式サイトURL〕https://www.sikaku.gr.jp/c/nc/

## 日本や世界の歴史を知ろう

### 歴史能力検定

5級は歴史入門クラスで、歴史好きな小学生におすすめ。日本史と世界史を一つにした歴史基本4級、日本史のみの準3級は中学生の学習範囲から出題されます。高校生レベルの3級からは日本史と世界史に分かれ、1級ではニュースで話題になった出来事なども出題されます。どの級からでも受験できます。

〔受験日〕年1回〔会場〕全国30会場
〔実施級〕5級、4級、準3級、3〜1級〔年齢制限〕なし
〔公式サイトURL〕http://www.rekiken.gr.jp/

## 小学生から90代まで20万人以上が受験

### 世界遺産検定

「人類共通の財産」である世界遺産を通して国際的な教養を身につけ、持続可能な社会の発展に寄与する人材の育成を目指した検定です。受験理由の1位は「世界遺産が好きだから」。遺産の持つ価値や魅力を深く理解することで旅行がより深く楽しめるようになります。

〔受験日〕年4回〔会場〕全国CBTテストセンターほか
〔実施級〕4〜1級、マイスター〔年齢制限〕なし
〔公式サイトURL〕https://www.sekaken.jp/

## 国際コミュニケーションスキルが問われる

### 国連英検（国際連合公用語英語検定試験）

単なる語学力の判定にとどまらず、リスニングが重視され、国連の活動にそって、世界平和、地球環境、世界政治・経済、人権、食品、医療など、世界情勢や国際時事問題が広く問われます。初級のE級では、簡単な趣味や自己紹介ができる中学校修了程度の英語の理解力が要求されます。

〔受験日〕年2回〔会場〕全国16会場
〔実施級〕E〜A級、特A級〔年齢制限〕なし
〔公式サイトURL〕http://www.kokureneiken.jp/

## 写真の撮影技術をマスターしたい

### フォトマスター検定

実際に撮った写真を評価する検定ではありません。マークシート方式の筆記試験で、レンズやカメラのしくみ、周辺機器、写真の歴史、マナーなど実用的な知識と撮影技法について問われます。3級は写真を趣味として始めたばかりの初心者レベル。指導者レベルの1級まで、どの級からでも受験できます。

〔受験日〕年1回〔会場〕全国18都道府県
〔実施級〕3級、2級、準1級、1級〔年齢制限〕なし
〔公式サイトURL〕https://www.pm-kentei.com/

世界の人々といっしょに仕事したいなあ。そのためになる資格や検定はあるかな？

## 世界の国々について理解が深まる
# 国際知識検定 「国旗」

　国旗の色や図柄にはそれぞれ意味があり、その国の歴史や特徴を表しています。検定では、現在、国連に加盟している国193か国の国旗を中心に出題されます。５級と４級は選択式問題で、３級以上は記述式問題が加わります。小学校入学前でも、親子で協力しながら解答する親子受験ができます。

〔受験日〕年４回〔会場〕全国10会場
〔実施級〕５〜１級〔年齢制限〕なし
〔公式サイトURL〕http://kokki.aikd.net/

## ニュースを読み解き、活用する力をつける
# ニュース時事能力検定

　日々報道されるニュースを読み解く力は、社会科だけでなく、国語や理科、算数の長文問題を正確に読みこなす能力の養成にも役立ちます。問題は「政治」「経済」「暮らし」「社会・環境」「国際」の５つのテーマから出題されます。小学生なら入門編の５級から４級合格を目標にしましょう。

〔受験日〕年４回〔会場〕全国38会場〔実施級〕５〜３級、準２級、２級、１級〔年齢制限〕なし
〔公式サイトURL〕https://www.newskentei.jp/

## 英語でのコミュニケーション能力を測る
# JET（ジュニア・イングリッシュ・テスト）

　英語が母国語の人と同様に「聞く」「読む」の順番で英語を身につけることを目的とし、10・９級はリスニングのみ。中学生で１・２級合格を目標にしています。学校生活やキャンプ、誕生日パーティなど、子どもに親近感を持たせる場面設定で出題されるので楽しく、段階的に実用英語が学べます。

〔受験日〕年４回〔会場〕全国５会場
〔実施級〕10〜１級〔年齢制限〕なし
〔公式サイトURL〕https://www.jet-japan.ne.jp/

## 世界の無線仲間と交信するための資格
# アマチュア無線技士

　アマチュア無線技士とは、世界の無線通信仲間と話したい、電波がどこまで飛ぶか試したいといったアマチュア無線通信を趣味とする人のための国家資格です。試験は「無線工学」と「法規」の２分野で、中高生でも問題集で学ぶことで４級・３級に合格できます。

〔受験日〕年３回（３級以下は会場による）〔会場〕全国11会場ほか〔実施級〕４〜１級〔年齢制限〕なし
〔公式サイトURL〕https://www.nichimu.or.jp/

## 日本の公式サッカー試合の審判員資格
# サッカー審判員

　初級の４級は、ジュニアユース（15歳未満）、ユース（18歳未満）、一般向けのクラスがあり、各都道府県サッカー協会が主催する講習会（Web講習もあり）を受講し、修了試験に合格することで審判員登録ができます。年に一度、講習を受けて登録を更新し、２級以上は協会の推薦も必要です。

〔受験日〕主催協会による〔会場〕主催サッカー協会指定の会場
〔実施級〕４〜１級、女子１級〔年齢制限〕４級は12歳以上、３級は15歳以上〔公式サイトURL〕http://www.jfa.jp/referee/

## 海やプールでの事故防止・人命救助
# ライフセーバー

　水辺で自分の安全を確保する「ウォーターセーフティ」と、人工呼吸法やAEDの使い方など一次救命処置の習得を証明する「BLS（CPR＋AED）」の資格は、小学生を除く12歳以上が講習を受けて取得できます。この２つは、ライフセーバーの上位資格を取得するための基礎となるものです。

〔受験日〕会場による〔会場〕全国各地〔実施級〕ウォーターセーフティ、BLS（CPR＋AED）ほか〔年齢制限〕15歳以上（中学生は除く）
〔公式サイトURL〕https://jla-lifesaving.or.jp/lifesaver/

（2021年11月現在）

# さくいん

著者：SDGsを実現する2030年の仕事未来図編集委員会

装幀
村口敬太（Linon）

装画
阿部行夫

本文デザイン
Noside

イラスト・漫画・図版
板垣真誠　Yamamoto Yukiko　松島りつこ　yuyuja

執筆・構成
市川はるみ　西戸山学　すずきしのぶ　長谷川清　小松さちえ

企画・編集・制作
キックオフプラス（代表 小松亮一）

写真提供
カバー・表紙・本扉
　　　表1：有限会社クロスロードトレーディング（上）、
　　　　　　パレスチナ・アマル（下）
　　　表4：宇井農場（左）、パレスチナ・アマル（中央）、株式会社19（右）
　　　本扉：パレスチナ・アマル

SDGsを実現する2030年の仕事未来図

❹平和をつくる仕事　開発援助・協力を進める仕事

2021年12月　初版第1刷発行
著　者　SDGsを実現する2030年の仕事未来図編集委員会
発行者　水谷泰三
発行所　株式会社**文溪堂**

〒112-8635　東京都文京区大塚 3-16-12
　　　　　ＴＥＬ　営業（03）5976-1515　編集（03）5976-1511
　　　　　ホームページ　https://www.bunkei.co.jp

印刷・製本　図書印刷株式会社
©KICKOFFPLUS Co., Ltd. & BUNKEIDO Co., Ltd. 2021 Printed in Japan
ISBN978-4-7999-0427-5　NDC360　48p　293 × 215mm
落丁本・乱丁本はおとりかえいたします。定価はカバーに表示してあります。
本書を無断で複写・複製・翻訳することは、法律で認められた場合を除き禁じられています。

## SDGs を実現するために 変わる仕事、生まれる仕事とは？

SDGs を実現する

# 2030 年の仕事未来図

（全 4 巻）

だれ一人取り残さない、よりよい社会をつくる世界的な約束、それが SDGs（持続可能な開発目標）。その SDGs 最後の年の 2030 年、それは今、小学校高学年・中学生の読者が成人し、真剣に将来のことを考えなければいけない年でもあります。

本シリーズは、そんな 2030 年に SDGs の実現につながるどのような仕事が発展したり、新たに生まれたりしているのか、その「仕事未来図」を豊富な写真とイラストによって紹介し、子どもたちに未来をどう生きるかを考えさせるシリーズです。

・各巻それぞれ、SDGs の 17 のゴールにあわせて分類

・1 章では、実際に今、日本や世界で未来につながる先進的な仕事をしている人々や会社を取り上げ、豊富な写真を交えて紹介。

・2 章では、人口動態、社会インフラや地球環境、IT 及び AI 技術の進歩状況などの予測を踏まえ、SDGs 達成のために発展した仕事、新しくできる仕事を大胆に予想、「想像図」で視覚的にもわかりやすく説明。

・子どもたちが、自分の将来の仕事を考える際のヒント、未来に向けたキャリア教育にも、大いに役立ちます。

著：SDGsを実現する2030年の仕事未来図編集委員会

**各巻構成**

A 4 変判
各 48 ページ
NDC360
（社会）

1 人を守る・楽しくさせる仕事
2 よりよい社会をつくる仕事
3 地球環境を守る仕事
4 平和をつくる仕事　開発援助・協力を進める仕事